婚活・ビジネス

「選ばれる人」になる秘訣

■著者紹介

ユカリ

国内有名アパレルブランドと国内最大級宝飾ブランドの店長を経て、
銀座 CHANEL 本店、GUCCI グループ本店の店舗業績改善担当。

実践的訓練を施すことにより継続的顧客獲得と売上拡大を実現。

その後 Louis Vuitton グループの全国店舗統括総責任者就任。

就任期間中、統括全店舗売上 150%拡大を実現。

2011 年ラックヒルズ株式会社を立ち上げ、GUCCI グループの全国直営店舗ミステリーショッパー及びマーケティング調査と、結婚相談室ゆかり縁を運営。2023 年 11 周年を迎える。

現在、日本全国のゆかり縁結婚相談室所属、独身男女会員が積極的に対面お見合い、オンラインお見合いに挑んでいる。

日本の仲人代表として NHK WORLD 出演
東証一部上場日本結婚相談所連盟 IBJ（成婚・入会率）上位 19.5%以内の相談所に認定される。
11 年連続成婚・入会率優秀賞受賞仲人
2021 年 2022 年　IBJ AWARD 連続受賞
1968 年 11 月 29 日生　福岡県出身
*オフィシャルサイト　http://luckhills.com/yucari/index.html
*アメーバブログ公認マイスター　http://ameblo.jp/luckhills/
*ゆかり縁 DMM.com オンラインサロン
　婚活とビジネス「選ばれる男女」になる秘訣
* TikTok　美味しいナコウド　ユカリ

ラックヒルズ株式会社代表取締役
結婚相談室ゆかり縁　代表
東証プライム上場 日本結婚相談所連盟 IBJ 加盟
「ハローキティ恋と婚活ブック」結婚相談室ゆかり縁 掲載
著書「モテる販売員になって銀座で1億円売っていました」（平成出版）
TV 出演　・TBS ウェディング・ベル
　　　　・NHK WORLD「日本の婚活事情」
　　　　・KBC 九州朝日包装「アサデス」

イントロダクション

この本を手にとっていただきありがとうございます。
最初にお伝えしておきますが、決してこの本は「私は選ばれるのよどうよ」とマウントを取るような本ではありません。起業して11年、私自身もお客様からではなく、出版社から選ばれなかった経験が2度ありました。起業していく上で、もちろんお客様は大切な存在ですが、関係をもつ団体からも選ばれなければならないことを痛感します。

「なぜ私は選ばれないのか？」について本気で考えた時期がありました。世の中には自分より能力のある人（見た目、見せ方、学力、頭の回転、気遣い、振る舞い、話し方、伝え方、自己主張）優れている人がたくさんいるということにお気づきでしょうか？特に見せ方の重要性、自己主張しない言葉足らずは致命的であるということ。自分の頭ではわかっていても相手にしっかりと伝わらなければ、更に理解して頂かなければ、選ばれる確率は非常に少なくなるのです。そのためにはまず、井の中の蛙ではいけませんね。世の中には非常にたくさんのライバルがいるということです。自分が生まれ育ってきた環境や職場だけではない外の世界を知ることで、さまざまなことに気づいた私が「選ばれる人になる秘訣」について、以前出版した本の改訂版を今回出す運びとなりました。

本書は、販売の話を例に書いていますがビジネス・婚活においても『選ばれる』ことがどれだけ重要であるかをお伝えしたいと思っています。

この本が、営業や販売、男女の恋愛、交際、結婚に悩み、どうしてよいかわからない皆さまに少しでも役に立つなら、これほど幸せなことはありません。私はこれまで、販売業界で店舗統括20年、年間250日出勤として、過去合計10万人を超える接客・販売をしてきました。この本では、そんな私が本当に現場でお客様に選ばれ続けた体験、個人年間1億円、月1千万円以上の売上を継続して達成した、ありのままの体験を皆様へリアルにお伝えしていきます。世の中には、本当に売れている人=お客様に選ばれる人が存在します。

銀座には1億円プレイヤーと呼ばれる(年間1億円以上個人売上を作る販売員)がほんのわずかですが存在します。この1億円プレイヤー達は、まるで呼吸するのと同じように、無意識に習慣的に仕事をしています。これには、独自の「秘訣」があります。　しかし誰にも個性があるように、真似したくても真似できない「表現」もあります。

では、どうやって、その技術を身につけるか？　この本では、私が思っている基本的な考え方からまずは伝えることができれば、と思っています。世の中には色々なジャンルの本があり私自身も数多く読んできました。

例えば販売に関する本だとお店のストーリー作りとか、基本的な内容は書かれているのですが「お客様から選ばれるための表現」について書かれているものは少ないのです。例えば……

お客様を否定せずに受け止める↓どうやって？

お客様が迷っている時には曖昧に聞く↓どうやって？　結構、そこまで？という書物が多いですよね。

20年以上販売の現場にいた私が、ブランド以外の物を販売した時期に気づいた大変重要なことを皆様にお伝えしたい、この本を読み少しでも役立つことを心より願います。

この本では、人間の購買心理を実例に出しつつ解説していきます。読者の皆様に、最後まで読んでよかった、と満足いただけるように願っています。最初にお伝えしておきたい重要なことは、ヒトがモノを買おうとする「人間の購買心理の流れ」です。

（注意）→（興味）→（連想）→（欲望）→（比較）→（信頼）→（決心）→（満足）これが人間が購買する時の心理状態です。わかりやすく、この本を購入していただくアクションを例にすると……まずは本の題名を見て「あれ？」と（注意）（興味）を持つことからスタートします。次に、この本を読むと「少しは自分も以前より選ばれるようになるかな？」と（連想）「いや自分も必ず選ばれるようになりたい！」と（欲望）するのではないでしょうか。

しかし他にも「もっと良い本があるかも」と（比較）するはずです。まずはこの本を少しだけ読んでみて、著者である私のことを「（信頼）できるかどうか」判断してください。

これから私が個人年間売上1億円、月1千万円以上を継続して達成してきた現場での、ありのままの実体験をリアルにお伝えしていきます。

CONTENTS

第2章　「選ばれる人」の接客

第3章　「選ばれる人」のトーク

CONTENTS

第4章　「選ばれる人」のクロージング（決心・満足）

第5章　選ばれることについて一緒に考えましょう

はじめに

――選ばれなかった悔しい経験――

選ばれなかった悔しい経験

選ばれる秘訣を書いている私も、会社を企業して11年の中で「2度」選ばれなかった悔しい経験をしました。

「なぜ私は選ばれなかったのか？」

私なりに真剣に考えました。最初は残念な気持ちが強く感情とともに一旦放り投げてみました。しかしそれだけでは承知のとおり何の変化もありません。これまで私は恵まれていたのですね。

良い会社、上司、同僚、後輩、職場環境、お客様。この本を手に取っていただいた皆様に質問があります。

まったく自分のことを知らない人から理由までつけられて選ばれなかった経験はありますか？　私は2度選ばれなかった経験の中で、以下の理由を伝えられました。

ある表紙を見て（外見）「何でこんな人を？」（どんな人よ）夫婦2人暮らしなので「子供がいないから選ばれなかったのでは？」　幸いにもこれまで私が耳に

しなかった言葉でした。しばらくの間苦しみました。しかし、私が全て明確な理由を伝えていなかったことが原因でした。

この期間、私が苦しんでいたことに気づいていた人はほぼいなかったのではないでしょうか。

思い切り表情に出して、私は辛い！悲しい！もうやめてしまおう！と言うこと、思うことを決して否定はしませんが、長年、販売職にてノルマと向き合うことを経験していると、そんな弱音を吐いても何も通用しないことはよく理解していました。　自営業となり初めて、上司もいない、認めてもらえない、理解してもらうこともない環境にいることを思い知りました。　この悔しく苦しかった経験が、私を強くしました。

そして周りを見渡してみると私だけではないことにも気づきました。そうです！経験を活かしてもっともっと人生を良い方向に転換させること、人生を楽しむことができることに気づいたのです。私は20年以上店舗にてスタッフ1000人以上の販売トレーニングをしてきました。1人1人に合う教育方法を考え、伝え方やコツを教えることがとても得意です。実際に前年比150％アップという数字となり、当時、記憶に残る結果を残しました。しかし、自営業となり業種も異なる世界ではこれまでの経験を自ら詳細には発信していませんでした。ただの昔モテた販売員、ギラギラ1億売っていた販売員、ブランド好きな販売員。

そのようなイメージだったのではないでしょうか。

「販売員ってそんなに偉いの？」

とまで言われたこともありました。全く伝えたい人に、主旨、本質が伝わっていなかったことに気づいたのです。悪いことばかりでもありませんね。これから皆様と一緒にどうすれば選ばれるのか？について、過去の販売員時代の話を交えつつ一緒に考えていきたいと思います。

海のモノとも山のモノとも、わからないヤツが……

はじめに、私が銀座シャネルに勤めていた時代の話をしましょう。

16年間の店長経験を買われて、銀座シャネルに採用されました。

慣れ親しんだ故郷福岡を離れ、愛犬トイプードルとともに、初めての東京生活。

当時の銀座シャネルは、会社の戦略としてキャリアスタッフの中途採用及び入れ替えを行っている時期でした。百貨店の日本橋三越や横浜ＳＯＧＯからもシャネル勤務の長いベテランスタッフが銀座に異動してきました。私も国内有名アパレルブランドと国内で最大級の宝飾ブランドで培ったマネージメント経験を認められ、売上についての即戦力として求められて、本店配属となりました。

これはその銀座シャネルに入社して、間もない頃の話です。

私の直属の上司（現在のＮＥＷシャネル銀座ビルＯＰＥＮ当初、初の日本代表マネージャー）から、

「これから、どんなに意地悪や嫌がらせを受けても、気にしないでね」

と言われました。

「？？？（何だろう）」

当時の私は、長年福岡で店長をしてきてスタッフとは楽しく結果を出しつつ仕事をしていました。だからこのマネージャーの言っている言葉が不思議でした。

入社して１か月経過した頃でしょうか、マネージャーが言っていた言葉の意味が理解できる日がきました。

シャネルは地下1Fから3Fまでフロアがあり、毎日ローテーションで働くフロアが決まります。その日の私の勤務は『プレタ』の階。洋服のフロアです。大物芸能人や女優、有名アナウンサー等がさりげなく来店する特別なフロア。各フロアには『フロア長』と名の付くベテランスタッフがいます。フロア内で販売されている洋服にはどれも品番、型番、サイズがあり、いつのシーズンに発売されたものか一目でわかるようになっています。

美観重視のため、自分の制服のポケットにはメモを入れることが許されません。お客様の来店がない時に品番、記号などすべてを暗記しなければなりません。当時の私の頭は、記憶することが多すぎて正直パンクしそうでした。

テストも近日中に予定されていたので、商品1つ1つの品番の意味や記号などを暗記している時でした。

背後から突然、声が響きました。

「海のモノとも山のモノともわからないヤツが、入ってきたわ」

「？？？（なんのこと）」

フロアには、フロア長と私しかいません。

「今のは私のことかしら？」

当時は周囲に隠していましたが、私は実績次第で今後のマネージャー候補になる存在として入社していました。私の直属の上司兼トレーナーがシャネルの日本代表マネージャーというのも異例のことらしく、長く勤務している現在のフロア長の方々の中には、私の存在が疎ましかった人もいたのでしょう。

声をかけられたとしても、

「福岡って南国のイメージ」

「(とても寒くて雪が降る日もあります…)」

「福岡に一度行ったことあるけど、中心部の街はえっ？ここだけ？って思った」

「(私の大好きな福岡をバカにしてる…)」

東京から見れば、福岡は九州というひとくくりの島です。

海も近いし山も近い。そこでどれだけ私が実績を出したなんて、東京ではまったく通用しない。関係ない。

よし、もう一度ゼロから出発しよう！

上司から「出勤するからには、何か必ず売って『売上ゼロの日』は作らないようにしてください」と指示を受けていました。

上司の指示どおり、出勤日は必ず自分が売り上げたレシートを再印字してノートに貼り付け、閉店後に提出していました。

日によっては新規のお客様を誘導して全フロアにある商品を紹介しながら、販売したこともあります。これを『フロア買い』と言います。

福岡からわざわざ飛行機に乗って会いにきてくれた宝飾会社の時代の上顧客様が来店してくれたこともありました。御夫婦でご来店くださり、シャネルのチェーンバッグをお買い上げいただきました。この時ばかりは、涙が出るほど嬉しく、また感謝の思いを今でも忘れません。

ゆっくりスローな話し方とスローな動き、そしてもの覚えの遅い私でしたが、個人の売上がゼロの日はなく、確実に販売していく日々でした。

銀座シャネル時代の話、たった1つの学び

シャネルでは、とにかく毎日辞めたいと思っていました。

入社して3か月経過した頃、私の頭のなかはシャネルを辞めることでいっぱいになっていました。

当時の銀座のシャネルでは夕方の時間帯になると、1階の店舗前に高級車が横づけされます。元々、駐車禁止エリアですがお構いなく横づけし、ドアを開けるドアマンが車の見張りも兼ねます。しかしそんなに長く駐車できるわけではないことはお店のスタッフ含め全員が承知。派手な着物や華やかな衣装『銀座の髪』(前髪を突っ立てたアップのヘアスタイル）で着飾った銀座のクラブで働くお姉さま方が、高級車横づけの派手なおじ様を連れてご来店されます。その時間帯はスタッフが1階で多めの人数で待機します。私にとっては一日の中で一番最悪な『嫌な時間』でした。

人間の『欲』と『駆け引き』と『プライド』が渦巻く、しかも『スピード』を問われるひとときに立会わなければならないのです。ほんの数分間の間に50万円から100万円相当のバッグがいとも簡単に売れていきます。担当スタッフは、売れたバッグを入れるための箱を取りに地下ストックへ裏階段で全力で走ります。たまに異例な事態が発生し、あるべきストックに商品や箱がない場合は5階のストックまで裏階段で全力で走ったこともありました。もともと走らないイメージの私がぜえぜえ言いながら『何の罰ゲーム？』と思いながら…。

この時間帯は銀座のクラブで働くお姉さま方が出勤前に『自分の御褒美をゲットする時間との闘い』なのです。

『出勤前だし、車の停車時間もあるし時間がないから早く包んで！』

と必ず急がせる銀座のクラブのお姉さま方。本当は、

『おじさまの気持ちが変わらないうちに早くお会計すませて！』

と目で無言のプレッシャーをかけているのが伝わります。最後のお包みまで完璧に敏速に！こんなにも急がされる中で綺麗にスマートにお会計をしてお包みするスタッフを神ワザだと思っていました。夕方、立ち仕事で足がちょうどむくみ始めた頃、毎日こんな調子で階段をヒールで走るので足の爪が剥がれてしまったこともありました。

毎日心臓がわけもなくドキドキ、朝起きると寝汗で身体中が驚くほどびっしょりと大量の汗をかいています。慣れない東京でのスピード溢れる生活。後にも先

にも、このような症状は起こっていません。いま思えば、かなり強いストレスフルな毎日でした。人間は本当に強いストレスを感じると、身体に症状が現れるものなのですね。

辞めたかった理由は『ブランド』だけで売れている、と感じたからです。

シャネルという歴史のあるブランドなので

「昔あった、あの商品の在庫まだありますか？」

というお問い合わせも、想定外に多くありました。そのたびにＰＣで敏速に調べます。お客様ははっきりとした目的買いなので、いま店頭に並んでいる商品などには目もくれません。

マネキンが着ている洋服について、お客様から「これ見せてください！」と言われたとしても、どれもほぼ1点モノだったりします。そこで、お客様のサイズが他店にあるのか？ないのか？敏速に調べます。サイズが合わない商品はもちろん販売できませんし「これがいい！」と言っているブランド好きのお客様に『いま在庫がないので、違う商品を提案する』ことは、大変失礼なこととされていました。

ここは、シャネルというブランドが、死ぬほど好きでご来店されているお客様がくる場所。私の個性を出せる場所ではない、ということを痛感させられたのでした。

私はニコニコ黙って働いていました。お客様の、言われるがままに。

それでよかったのです。せっかく厳しい面接をクリアして入社したのだけど……と思いました。

あんなに接客が大好きだった私が、なんと、続々と来店してくるお客様に対して、毎日心のなかで、

「たのむから、私に話しかけないで……」

そういう心のモードになっていました。自分でもこれは衝撃だし、ショックでした。

しかし、いつもながら顔は最高の笑顔を心がけました。口角を上げたスマイル、立ち姿勢もよろしい、というようにしました。

すると、どういうことが起きたと思いますか？

お客様のほうから、私がまるで呼んだかのごとく、これって御指名？かのよう

に話しかけてくるのです。

それは私にとって、とても不思議なことでした。

高額商品を買われるお客様は、お店に来られて商品を試されたい時でも、無言・無表情な方が多い傾向にありました。その当時の話しかけられたくない私にとっても、高額商品を購入されるお客様にとっても大変居心地の良い関係だったのでしょう。

これをお互い持ちつ持たれつの無言の関係と呼ぶのでしょうか。お客様にとって絶妙に邪魔にならない声のかけやすいスタッフだったのです。

私は常に自分の心のなかで、

「近づかないで！　話しかけないで！　来ないで！」

こんなふうに叫んでいました。

もちろん、それでも、顔は最高の笑顔。口角上げたスマイル。立ち姿勢もよろしい。それは心がけました。でも、どちらかというと逃げ腰なのですが…。

たいていのお店の販売スタッフは「売りたい！」という思いが、とても強いの

いらっしゃいませ!!
何かお探しですか？
ギラ
ギラ
ギラァ…

いらっしゃいませ!!
（来ないで～～～）

です。

「今月の個人予算をクリアしなきゃ」

顔や態度もそうですが、ご来店されたお客様を追う目線が、まるで獲物を狙うぎらぎらしたハンターか、ピラニア状態なのです。

シャネルで、私は身をもって学びました。

「これだ！」

「近づかないで！話しかけないで！来ないで！……」

顔は最高の笑顔。口角上げたスマイル。立ち姿勢もよろしいですよ。

これを続けていると、自分が自分に対して心から笑える自然な笑顔と、理想的な『接客待ち態勢』ができました。

お客様は、私がこんな気持ちになっている、とは知る由もありません。

販売員の私に遠慮なく声をかけ、居心地が良いのか、私から買っていきます。

私にとってのシャネルでの貴重な体験とは、この秘法、一歩ひく姿勢と距離感を習得したことでした。

お客様から親しまれる接客の極意

販売員のオーラ　口に出さないけれど

『売りたい！』

強い思いが全面に出ている

今月の個人予算をクリアしなければ…

↓

お客様を追う目線

獲物を狙うギラギラしたハンターのよう

↓

コレではお客様が更に警戒

自分の心の中で

お客様と一線を引く

↓

心から笑える自然な笑顔

↓

理想的な接客待ち態勢

理想的な「距離感・バランス」となる

■THE HISTORY OF CHANEL

1883	ガブリエル・シャネル生まれる。フランス西南部ソーミュールにて
1895	母が死に父が去り、姉妹と共に孤児院に預けられる。
1903	ムーランで衣料品のお針子となる。
1910	パリのカンボン通り21番地に最初のモードブティック帽子専門店をオープン。
1921	店をカンボン通り31番地に移転、拡大する。香水『No.5』を発表。
1935	シャネル黄金時代。従業員4,000人、作品発売数28,000点に。
1950	マリリン・モンローが『シャネルＮｏ．５を着て寝る』という名言を残す。
1956	シャネルスーツと共に、チェーンベルト、チェーンネックレス、ブローチなどが流行。
1971	1月10日、シャネル急逝。享年88歳。
1976	『シャネル・ブティック』としてプレタポルテ展開を世界中で開始。
1981	男性用オー・ド・トワレ『アンテウス』発表。
1984	香水『ＣＯＣＯ』発表。
1994	シャネルブティック本店（銀座並木通り）オープン。
1997	過去に人気のあったデザインのバッグが復活。復刻シリーズとして人気を集める。
2001	日本最大の売り場面積を誇る東京・表参道店がオープン。初のダイバーズウォッチ『Ｊ -12』を発売。
2004	ＮＥＷシャネル銀座ビルディングオープン。建築家ピーターマリーノが先鋭的でラグジュアリーでユニークな旗艦店を作る。

*「シャネルパーフェクトブック」（ワニマガジン社）より抜粋

CHANELという女性

数々の有名人と浮き名を流し、誰とも結婚はせず、生涯独身を通したガブリエル・シャネルの存在は、当時としてはあまりにセンセーショナルでドラマティックでした。孤児院で過ごした幼少時代、コーラスガールとして魅力を発揮した青春時代（この頃からCOCOと呼ばれていました）。

男性達の援助によってついにはパリのモードの頂点に立ったCOCOの生き方。

それはサクセスストーリーとして語り継がれてきました。シャネルというブランドは知っていても、シャネルの歴史を知っていた人は意外と少ないのではないでしょうか。モードの歴史を変えただけではなく、女性に自立と解放を喚起させたことこそが、シャネルの偉業と言われています。

銀座グッチグループ時代の話　絶対ルール

1億円プレーヤーとして、私は銀座の路面宝飾店に入社しました。

世界五大宝石（グランサンク）と呼ばれる宝飾店からお話をいただき、そこに勤務することになりました。

ここでまず世界五大宝飾店（グランサンク）をご説明します。

・ブシュロン Boucheron
・ヴァンクリーフ&アーペル Van Cleef & Arpel
・ショーメ CHAUMET
・メレリオ・ディ・メレー Mellerio dits Meller
・モーブッサン MAUBOUSSIN

この5店舗が正式にパリのヴァンドーム広場を拠点とする店の中で高級宝飾協会が認めたパリ五大宝飾店です。有名どころのハリー・ウィンストン、ティファニー、カルティエ、ブルガリなどは実はグランサンクには入っていません。

福岡での宝飾店の店長以来、やっと宝飾の仕事に復帰できる喜びはひとしおでした。元々シャネルのファインジュエリーに入社希望していたのですが、ブティック経験を買われて採用となったので、この分野に戻るまで、長い道のりでした。

勤務にあたり、絶対条件は年間個人予算1億円。毎月1千万円の個人予算を達成すること。

銀座には、この1億円プレイヤーと呼ばれるスタッフが、他の宝飾店も含めて数名、存在します。年収も1億円プレイヤー規定の高額年収のため、結果を出せなかった場合は、即降格か、退職。厳しいものです。

私に、そんな大役ができるのか？

とにかく、**やる、と腹を決めました。**

ここへ入社した当時は、ブライダルリングの販売担当でした。

入社して3日目に50万円のダイヤモンドエンゲージリングを販売しました。

毎月の予算1千万円クリアするためには50万円のエンゲージリング1本だけをせっせと販売していては、とうてい個人予算には追いつきません。15万円×2本の結婚指輪（マリッジリング）も、セット販売しなくては、と考えます。セットで80万円。単純計算すると80万円×13名に実売して、やっと月予算をクリアすることができます。

この当時、ちょうど悪夢のような東日本大震災、3・11が起きたのでした。

有名宝飾ブランドの路面店がそろう街、銀座には、結婚指輪を求めて『回遊する』お客様が、確実に増えていました。なぜなら今まで一人暮らしをしてきた独身男女が東日本大震災での地震を経験したことにより、長時間、電車も朝まで動かず、携帯電話も繋がらず、一人でいることの孤独感や不安や恐怖、家族で過ごす安心感などが頭の中で走馬灯のように駆け巡り、交際中の男女は家族を持つという意識が強く高まったのでしょう。現在の婚活ブームに火が点いたのもちょうどこの時期からのように思います。

銀座の路面店には『絶対ルール』として接客の順番というものがありました。

個人の月予算が1千万円のスタッフであろうが、月予算600万円のスタッフでも派遣スタッフでも、みんな公平。接客は順番でしか行けないルールです。

1Fのフロアで1番の待機場所に並んだスタッフから、接客につくことができます。平日は2名~3名。土、日、祝日は4名~5名のスタッフが、指定の待機場所で接客の順番待ちをします。お客様は知る由もない、なんとも言えない光景

接客の順番ルール
いらっしゃいませ！
順番だと売上を上げることが大変です
入口
①
②
③
④
ドアマン
①から順番に！みーんな公平に！

です。

私が宝飾の店長をしていた頃は、お客様が来店すると接客につきたいスタッフがお声がけをするか、その日好調なスタッフがついていました。

この順番待ち接客は、手も足も縛られた気分。慣れない間はとても窮屈さを感じたものでした。

お店のスタッフ間の売上や接客につく公平さのトラブルを防ぐためには、仕方ないルールと言えばルールです。接客回数が少ないなか、自分が順番でついたお客様に決定率100％をめざさなければ、月予算1千万円をクリアしていくことはかなり難題でした。

そしてさらに平等なルール。店舗では販売だけしていればよいのではなく『業務』という仕事があります。入ったばかりのスタッフは、必ず備品担当。お店の空いた時間にショッパー（紙袋）の補充や備品（お包み用紙やリボンなど）の発注。これが頻繁になくなるので、けっこう大変な作業なのです。

お客様がお買い上げの際に使用する備品ですから、確実に補充していかなければ、スタッフ全員に迷惑をかけることになり、日々危機感を感じる作業でした。

この作業をしている間は、接客の『順番待ち』に並ぶことができません。

「備品担当だけしていたいわ」

「売るだけのスタッフなら、楽でいいわ」

こんな甘えは許されません。

順番待ちをして私とご縁のあるお客様は、私にとっては待望の大切な大切なお客様。数少なく与えられた希少な時間の中でいかにそのお客様と会話を楽しみ、私から買いたいと思っていただけるか?

決して焦りを見せることなく私はご来店されたご縁あるお客様に着実に販売し毎月の個人予算を達成。入社して1年目で全店舗売上3位にランキングされました。上位2名は10年以上勤務しているベテランの1億円プレイヤーです。既に沢山の上顧客がついています。

このようなハンディキャップのあるなか、私がどのようにして年間1億円を販売していたのか、いよいよ、そのストーリーが始まります。

第1章　始めの一歩

学生時代に出会った『鬼』のNマネージャー

私の学生時代は、バブルの全盛期でした。

学生のなかでは、一足早く博多名門ホテルに『研修後内定』との条件付で初めての社会人デビュー。

学校の後期の授業は受けずに、中国料理『T』に研修生として配属となりました。

これが私のサービス業（接客業）の始まりでした。

当時、このお店には誰もが恐れる『鬼』のNマネージャーと呼ばれる強者が存在していました。

そんなことはつゆ知らず……

お店に配属が決まった日から、毎日、1日のうちに必ずスタッフの誰かが『鬼』のNマネージャーに怒られて、泣いている。

スタッフは全員正社員なのに、毎日泣いているのです。

ホール内は、つねに『きびきび、はきはき』と動いています。

キッチンの厨房では、これまた怖いシェフが怒鳴り声を出して何かを投げつけています。刃渡り40センチある包丁が今にも飛んできそうな雰囲気。たしかデザートの杏仁豆腐を厨房に取りにいかなければならない時は怖くて息を止め、目を閉じて潜入していた記憶があります。

当時の私は学生でしたし、まだ成人しておらず、いま思えば本当に子供だったのです。両親にもここまで怒られたり怒鳴られた経験がありませんでした。

「とにかく、怖いところに放り込まれたな……」

と思っていました。

「お給料をもらうためには、こんな怖い思いをしなければいけないのか」

そんな私も、さっそく『鬼』のNマネージャーのターゲットになりました。

まず、立ち方が悪い！と足をキック（いまならDVですね）

姿勢も悪い！（毎日鏡を見ながら、美しい立ち姿勢の練習をしました）

態度も悪い！（なめていないのに、なめているのかと怒られます）

もっと周りを見ろ！（仕事に、余裕を持て、と言われます）

ランチタイムになると、中華のランチを運びます。

当時、学生寮で生活をおくっていた私は、日々の疲れから朝ぎりぎりまで寝ていたため、朝食はとらず。

そのため、それはそれは、ランチタイムにお腹がすくわけです。

お腹がすいていては、気力も集中力もなく良いパフォーマンスが出せるはずがありません。

やっとランチタイムが終わり、1日の仕事が終わった私は、一目散で社員食堂へ。

そこにまた『鬼』のNマネージャーが…。

「正社員にもなっていないのに食堂で食べるのは、100万年早い！もっと人として謙虚な気持ちを持て！」

仕事が終わっても、怒られる日々でした。

しかし、なぜか根性だけはあったので、最後まで泣くことはなかったです。

初めての社会デビューで、本当にしごかれて怒られ続けた私は、ここで接客業の基本を身をもって学びました。

店長時代、店舗のスタッフからよく「ユカリさんは頭の後ろに、目がついていますよね？」と言われていました。

そうなったのは『鬼』のＮマネージャーのおかげかもしれません。

後ろに目をつけるためには、つねに未来に何が起こるかを予測して、考えて動くことが必要です。

答えは目の前にある1つではないので、何が起きても対応できる自分でいられるように心がけます。

キック等をされた側なので、お礼は口に出して言いたくないですが、この場を借りて『感謝』いたします。

しかし、社員が毎日泣いているような会社には就職したくない！

いつも、笑顔で仕事をしていたい！

まだまだ考えの甘かった私は、当時憧れのＤＣブランドへ勤務することを考えました。

転職した理由は、レディース担当の、とても素敵な女性店長に接客された際、その笑顔に憧れていたからです。

社会人1年目の上司は、元暴走族レディースのヘッド

いまユニクロを知らない人がいないように、バブル当時は、アパレルブランドC全盛時代とも呼ばれていました。

独特の挨拶運動や、表参道で行われる恐怖のマラソン新人研修（この時に数名の退職者が出ます）早朝に出勤して、最終電車で帰るという勤務時間の長さ。

私が初めて配属された店舗は、メンズ、レディース、キッズ、アクセサリー等すべてを取りあつかう大型店舗でした。入社初日、一期前入社の先輩からこっそり耳打ちされました。

「このお店の店長のこと、ご存じでしたか？」

「いいえなにも……」

「そうでしたか……店長は地元では有名な暴走族のレディースの総長だったお方で

す。怒らせると相当怖いです。くれぐれも言動には注意してください」

「はい…」

なにをもって私はまたそんな恐ろしい会社を選んで就職したのか。

それは、他でもない、学生時代に接客を受けた素敵な女性店長がいたからです。

アパレルブランドCには、とても素敵な女性店長がいて、その笑顔の素晴らしい接客を受けて、憧れてしまったのです。

「私もこんな笑顔の素敵な沢山のファン（お客様）を持つ大人の女性になりたい」

そんなふうに思ったのです。


しかし配属先店舗には私が憧れた店長とは対照的なだれもが恐れる、元暴走族レディースの総長だった女性店長がいました。

この人は、とにかく黙っているだけでも怖い！

『本当に怖い。こんなはずではなかった』

『どうして私は尋常ではない怖い上司にあたるのか』

しかしこの女性店長は『物凄く格好いいオーラ』を持っていました。

黙っていても格好いいオーラを感じる店長・・・

今思うと、精神性や生き様、何か一つのことを達成した人から発せられる輝きやエネルギーを感じる女性でした。女性店長は初代アパレルブランドC立ち上げメンバーの1人で色白で背も高く髪型はサラサラの黒髪ロングヘア。こわもての大和撫子といったイメージ。無駄口は一切言わずクールで親分肌的な存在。メンズのスーツを買いに店長目当ての常連客が足繁く通う多くの男性ファンを持つ本当に格好いい女性でした。

それを見て、腹を決めました。

「私もここで、店長になってみよう」

勤務中、少しだけぼーっとよそ見をしていると、ドスの効いた低い声で、

「やる気あるんですか?やる気がなければ帰って!」

売上が取れない日の閉店後は真横にピッタリとくっついてきて、

「何、買いますか?」

売れない日が続き、しかも連勤が続いて、そろそろお休みがほしいというと思いきり睨みをきかされ、

「やる気あるんですか？」

勤務中、あまりの疲れと眠気から、店頭に立っていると突然鼻血をだしたこともありました。

ストックの裏では、発注ミスをしたサブに対して、ゴミ箱が飛ぶ「もうウソでしょー」と叫びたくなる世界。

しかしここで私は『タテ社会』という、社会の上下関係をしっかりと学びました。

当時の私は名門ホテル時代の経験から、一度注意されたら二度と同じ失敗を繰りかえさない、怒られないスタッフに成長していました。

「怒られたくない！」

「もっとやる気をみせたい！」

「自分で店の品物を買って帰りたくない！」

「身内や友人に、買って、なんて絶対に頼みたくない！」


では、どうする？


「売るしかない！！！」

そこから、私の頭はフル回転。

毎日試行錯誤しながら実践していく日々が、始まりました。

成長ストーリーの、はじまり、はじまり。

そして、数々の社内コンテストや販売コンクールで表彰されて、入社後1年で店長になりました。

第2章　「選ばれる人」の接客

美味しい料理のあとのコーヒーが熱くなければ、お客様のリピートはない

これは宝石店の店長をしていた頃の話です。
お店がオープンしてまもなく、私の上顧客である会社社長の奥様がご来店されました。

当時の勤務体系は2交代制でした。
早番勤務が10時から19時
遅番勤務が13時から22時

私のシフト出勤日をその奥様は把握していたので、私がお店に出ている早番勤務の日はよくランチをご一緒しました。
社長の奥様は当時50歳代の後半。30代半ばの私と、時間を忘れるほどおしゃべり。20歳の年の差なんて感じられない話の内容の濃さ。

（何を話していたかは第3章選ばれる人のトークで、お伝えしましょう）

会社社長の奥様は当時、雇用している従業員の扱いについて悩み、内容は詳しくはお伝えできませんが、かなり強いストレスを抱えていました。

当時の私は大型宝飾店舗九州初出店の店長であり、且つ九州すべての県に新店がオープンしていた時期なので教育店舗の店長として新人研修を任されていました。宝飾の世界は主に女性ばかりの個性派揃い。当然一筋縄ではいかないクセの強い女性スタッフが大勢います。私のポリシーは口で伝えるだけではなく、自分が実際に結果を出す姿を見せていくようにしていました。これが一番なによりもスタッフが私を認めてついてきてくれる効果がありました。社長の奥様の悩みを聞き、私が共感でき、少しでも解決できる答えを出せていたのだと思います。

社長の奥様と私は、私の休日もたまに待合せて福岡の山奥にある有名な老舗レストランなどにご一緒していました。そのレストランは今でもはっきりと思い出せますが、景色が大変素晴らしく素敵な湖があり、鳥の声だけが心地よく聞こえるとても静かな場所にありました。

山の中で綺麗な湖を見ながらシェフが腕をふるう料理はどれも絶品でした。

しかし、美味しいランチのあとに出て来たコーヒー。そのコーヒーがとてもぬるかったのです。

「ぬるい！せっかくの美味しいランチが台なしだわ」と奥様。

当時30代半ばの私は、外食先でぬるいコーヒーや煮詰まったコーヒーを出されても、お店の人には言わずに我慢して飲んでいました。そのかわり、二度とそのお店に行くことはなかったのです。

怖いですよね。シェフが長年修行して心をこめて作った料理が美味しくても、コーヒーがぬるいと、もう二度とお客様は行かないわけですから。

「コーヒーがぬるいから熱いものに変えてください」

そう言ってくれるお客様は、お店にとって、むしろ親切なお客様です。しかしそういうお客様はなかなかいないのです。

これはビジネスにおいても、結婚生活においてもまったく同様です。

訪問してくれたお客様に売れるまでは必死で頑張って接客しても、いざお買い

最後には
ぬるくなく、煮詰まってない
熱いコーヒーが飲みたい

上げのあとに、自分が安心・満足してしまって熱が冷めてしまいがちです。接客、営業、結婚生活においても終わりはありません。そのことを自分の脳に叩き込んでおくべきです。

リピーターがつかないスタッフの最大の原因は、そこにあります。

「わたし、頑張ったからいいでしょ！」そんなふうに、自分が満足していては絶対ダメなのです。

頑張ったなら、最後まで『お客様へ熱いコーヒーを出す』そんな気持ちで接客しましょう。

一期一会とリピーター

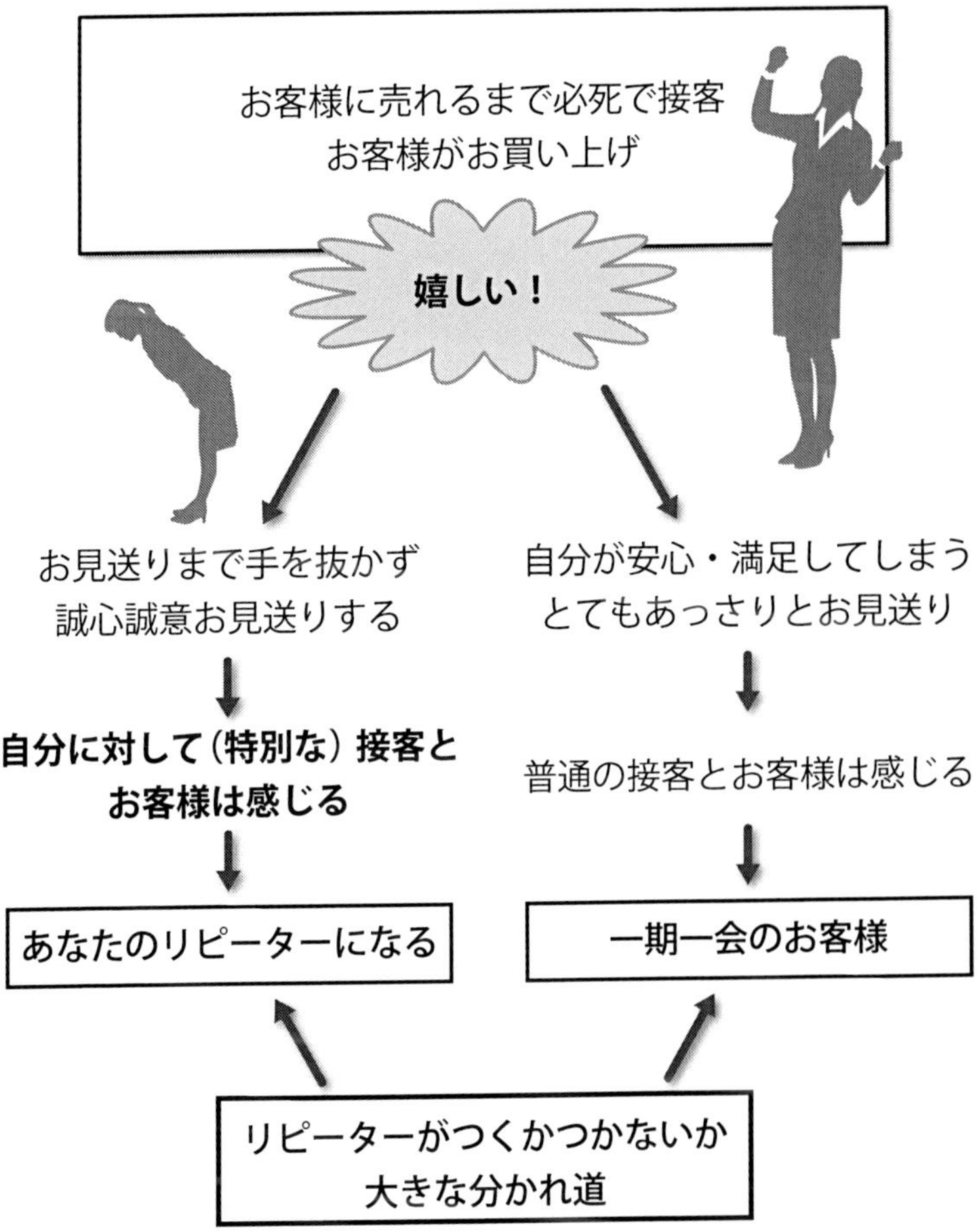
お客様に売れるまで必死で接客
お客様がお買い上げ
嬉しい！
お見送りまで手を抜かず
誠心誠意お見送りする
自分に対して（特別な）接客と
お客様は感じる
あなたのリピーターになる
自分が安心・満足してしまう
とてもあっさりとお見送り
普通の接客とお客様は感じる
一期一会のお客様
リピーターがつくかつかないか
大きな分かれ道

選ばれるお店は、スタッフがじっとしていない

よくありがちな販売のマニュアル本には『1日中お店の中にいてお店の空気を動かせ』などと他人ごとのように書いてあります。

実際に働いている側からすると、お客様が来店しない時間をずっと、以前から綺麗に並んでいる商品整理や、お店の片づけなどに費やしたらイヤになってしまいます。

だからスタッフがぼーっと、突っ立っている。これはお店にとって悪循環です。ましてや退屈だからとスタッフ間でベラベラおしゃべり。こんなお店はお客様に入ってくるなと『売らないオーラ』を示しているのと同じです。

つまり、自分たちがお客様を入店させない最大の原因を作っているのです。

それでもお客様が入店すると、急におしゃべりを止めてしーんとする。

お客様は入店しても居心地が悪いったらありません。

私が店長をしていた当時、毎月月末の3～4日前には予算を達成していました。

今だから話しますが（もう時効ということで）

「もう月予算は達成したのだから、これ以上今月は頑張らなくていいよー」

これは頑張ったスタッフへのご褒美。

「気になるお店でお買い物しようが、お茶しようが何してもOK！」

「でも携帯がなったら絶対出てね！」

「はーい。やった！　行ってきまーす」

底ぬけに明るくて嬉しそうなスタッフたち。その後、しばらくお店には私1人だけになります。

静かなお店のなか、翌月の戦略をじっくり考えることができます。

そこへ1人また1人、お客様が入ってきます。

私は心のなかで『もう今月はいいので、来月来てくださいな』とつぶやく。

もちろん顔は最高の笑顔で、口角を上げたスマイルです。立ち姿勢も見栄えよく。

しかしお客様は、私の気持ちなんて知る由もありません。

スタッフに電話しなくちゃ！　ちゃんと電話に出てよ。

私は慌ててお店から電話。なんだか私1人なのにお店は忙しそう。

いらっしゃい
ませ!
こんにちはー
カムバック
プリーズ!!!
タタタタタ…
いらっしゃいませーっ!!
にぎわってるねー

1人でも、空気が動いているのです。そこへエネルギー充電された元気なスタッフが「いらっしゃいませ！」と言いながらさりげなく帰ってきます。

私はすでに接客中です。複数名のご来店されているお客様は、お店の商品がとても見やすい状態です。スタッフはぎらぎらしているわけではなく走って帰ってきて少しぜえぜえ言っています。お客様にはお店の活気が伝わっています。そしてまた売れていきました。

「また売れてしまいました！　…来年の予算が高くなりそうで怖いですね」

なんと贅沢な悩みなのでしょう！

このように、スタッフがぜえぜえ言うくらい動いて、お店の空気を動かしてみてください。

売上がとれずにお店のなかにじっとしていると、良くないことばかり考えてしまいます。顔色だって良いはずがありません。外に出て色々なものを見て、温度まで感じてきてください。

きっと大事なことに気づいて最高の笑顔で接客、会話ができるでしょう。

売れるお店　―動的待機の勘違い―

店舗を活気づける為に『動的待機』は必要

お店の外に出る

↓

今日の

天気、温度
色がわかる

↓

今日の『お客様の気持ち』
「何を話せばよいか」がわかる

店内にいて

綺麗に並んだ商品整理
店内の片付け

↓

毎日がマンネリ化
飽き飽きして嫌になる

↓

店内で『空気を動かす』限界

売れるお店かどうかの分かれ道
外に出て大切なことに気づく

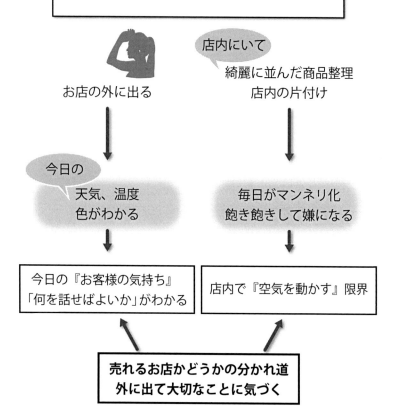

選ばれる人は、喜怒哀楽が豊かでなくてはならない

選ばれる販売員は、お客様と話していて泣きます。
笑うならともかく、泣くことはないでしょう！
そう考えるスタッフは、まだまだ修行が足りません。本気で接客していない証拠です。

私は学生時代から先生や上司から怒られても泣かなかったのですが、お客様の前では泣くスタッフでした。接客の際にお客様と本気で向き合い、本気で話を聞いていたからだと思うのです。

当時勤めていた福岡の宝石店が新店オープンして間もない頃の話です。私と同年代の御夫婦がご来店されました。接客を担当した私が笑顔で挨拶をした際、奥様が私が身に着けているハートのネックレスを大変気に入られたようで、同じものを買いたいとご主人におねだりされました。私は自分が身に着けているものを欲しいと思っていただいたお客様とは趣味も合いますし本当に親近感ある接客が

できるように思います。それ以来、その奥様はお店にご来店されるたびに私が身に着けているジュエリーと同じものを購入してくださるようになりました。ある時、ご主人から私宛にお店に電話が入りました。

「ユカリさん、いつも私の妻を楽しませてくれてありがとうございます。ユカリさんに接客されている楽しそうな妻を見ていることで、今の自分も救われていま す。」

「(救われている?)どうかなさったのですか?」

ご主人は電話口で泣き出しました。

「妻は難病にかかっていて、もう治る見込みはないと言われています。これからいつまで二人でお店に通えるかはわかりません。」

私も涙が止まらなくなりました。ご主人はどれほど辛いでしょう。私が今の二人の気持ちを少しでも明るくすることができるなら精一杯のことをいたします!と強く心に思いました。

その後、銀座シャネルに転職することが決まり、お店を退職する最後の日、奥様はご主人が押す車いすに乗って、奥様が見えないほど大きな花束を抱えお別れ

お客様が心を開いてくれる極意

お客様のプライベートな話
悩みを
お客様から話してくれるようになると

↓

『本当の信頼関係』が築けている

↓

販売員も自分の話をしなければ、
お客様は心を開いてくれない

↕

選ばれる人は、
自分をさらけ出す勇気が必要

に来てくれました。お店のスタッフ全員が涙を流しました。今、思い出しても涙が止まりません。

接客をしていて泣いた経験のない人は、お客様との会話にそこまで深く入りこんでいないのです。お客様のプライベートな悩みや辛かった過去、悔しかった出来事などをお客様の方から言ってもらえるようになると本当の信頼関係が築けると思います。

ときには驚くような話を聞き鳥肌なんかも立ちます。一緒に泣いたり、怒ったり、慰めてあげたり。そういう会話を引きだすためには、販売員自身の話もしなければ、お客様は心を開いてくれません。

自分の話をすると、お客様はあなたに興味を持ち、接客してもらいたい、さらに自分の話をしても大丈夫、という気持ちになるのです。お客様に対して、いつでも本気で喜怒哀楽を豊かに表現しつつ、お店（舞台）に立ちましょう。

選ばれる人は、自分をさらけ出せる勇気があって、元気な活力を与えられる人です。

選ばれる人の極意

選ばれる人の基本的考え方

大切なお相手だから
最高の舞台をつくり最高の演出をする

↓

自分のテンションをMAXまで上げて
お相手を楽しませる

↓

堂々と自分をアピール
遠慮なくアピール

お相手を尊重しているから魅せて伝える

普通に上品な言動をしてもお相手に
インパクトを与えることはできない

＊あなたのことは忘れられてしまう

来店したお客様を、愛しい恋人や大親友だと『思う』

私には接客をする上で大切にしていることがあります。

それは、お客様とこんな思いで向き合おう、という強い思いです。

それはお客様を、自分の大切な恋人や親友だと『思う』ことです。

もしかすると、あなたはお客様に近づきすぎることを、図々しいことだと思っていませんか。

それは『売る』ということだけが、頭にあるからだと思うのです。

本当の親友だと思うと、自ずと親身になって話を聞きますし、適当な回答や無駄な提案もしないはずです。その思いや気持ちはお客様にも必ず伝わります。

基本は仕事ですから、接客態度や言葉遣いはもちろん販売員のまま。でも何かあったら親や家族に言いづらいことでも何でも、相談にのって受け止めるくらいの思いをこめて接客してみてください。

私が接客担当し顧客になってくださったお客様とは親友と同様にすべての情報を把握していたように思います。

しかし1つだけ違いがありました。

それは本当の親友には接客してとことん販売することはありませんが、お店にご来店されるお客様には最後は販売につなげるところです。ここを間違ってしまうスタッフが多いかもしれませんね。ただ親友のようになるだけではなく、最後は販売をすること。これが販売員の役割です。

自分自身が『思う』ことは、相手に伝わります。

『言葉じゃなくて、態度（思い）でしめしてよ』

どこかで聞いたことのある、このフレーズを思い出してください。

この『思い』が、お客様に伝わるようになると、お客様のほうから、恋人や大親友のように自分のことを応援してくれるようになります。

お客様から『このお店の○○さんを知っている』と言われる

『口コミのリピート率ナンバーワンの商品』という人気商品が、よく取り上げられることがあります。

例えば、人気の宿だったり、人気のレストランだったり、習い事教室だったり。それはなにも物であったり、場所でなくてもよいのです。。販売員自身も、リピート率ナンバーワンのスタッフにならなくてはなりません。「わたし、このお店の店長を知っているわ」なんて言葉を、たまに耳にするかもしれませんが、なにも店長じゃなくてもよいのです。ぜひあなたも、お客様から『御指名』がかかるくらい、お店の人気ナンバーワンスタッフをめざしてみましょう。

接客がラクで、とても楽しくなります。

私が販売の仕事をしていて一番意識して気をつけていたことは、お買い上げ後のお見送りです。お買い上げされたお客様に対しても、一緒に同行していたお客様にも、お買い上げのなかったお客様に対しても、お見送りはすべて公平にそれぞれのお客様に相応しい声掛けをしていました。信じられないかもしれませんが、お見送りする時、なぜか鳥肌が立っていました。鳥肌を立てるほど、自分自身が感動的なクライマックスを演じていたのです。

次もまた必ず逢いたいです！という気持ちをご来店されたお客様にはっきりと告げます。少し自分でも恥ずかしいくらいの演出をしていたかもしれません。それくらいインパクトがなければお客様は販売員の名前など憶えてくれるはずがないのです。そして最後にお客様の名前を必ず呼ぶ。カスタマーカードをいただいた場合、お買い上げされなくても覚えていてお名前を呼んで挨拶します。そして最後に私の名前を必ず伝えてお見送りをしていました。

そうすることにより、お客様はお店の入口で

「ユカリさんいますか？」

と言って誇らしげに入って来てくださるようになります。少しの努力の積み重ねが、あとで広がります。このことができていないスタッフ、もしくは私がしていたことを知らないスタッフがとても多いと思います。是非、明日からでも自分が鳥肌が立つような感動的なお見送りを実践してみてください。

一度自分が接客したお客様が、得意気に自分の大切な友人や家族、恋人まで連れてきてくれるようになったら、あなたは本物の『選ばれる人』です。

それは、お客様を連れてきてくれるほど、あなたの接客に満足して信頼した、という証なのです。

そうなれば、お買い上げの決定率も１００％になります。
私が店舗にいた頃、紹介が紹介を呼び、海外までお客様の輪が広がったことがありました。

宝飾業界は12月の繁忙期が終わると長期冬休みが取得できます。そのぶん12月のクリスマス時期まではお休みが少ないです。スタッフが接客につく回数も必然的に増えます。そんな中で、誰も接客につこうとしなかったある女性のお客様の話をしたいと思います。そのお客様は、一見地味な格好でおとなしそうな中国人女性でした。

よく店舗ではお客様を外見で判断して接客についたりつかなかったりする販売員がいますが、私が見てもっとも腹の立つ仕事の仕方です。当時の繁忙期も、黙って見ていると誰もその中国人女性に声をかけないので私が接客につきました。
中国人女性はその場で1カラットのダイヤモンドネックレスをご購入くださいました。お店のスタッフは密かにびっくり。大変失礼ですがそんな高額商品を購入されるお客様には見えなかったからです。それ以来、中国人女性のS様はコンスタンスにご来店されるようになりました。お店のスタッフともすっかり打ち解けてもうお店では顔なじみのお客様となりました。時には私が洋服の提案をしてさしあげたり、Ｓ様はどんどん明るい女性に変身していきました。３ヶ月くらい通っていただいた頃、中国に一旦里帰りしていたＳ様からお店に連絡がありました。「私と同じ1カラットのダイヤモンドネックレスを10点用意してほしい」と。自分の友達も購入したいとのことでした。ダイヤモンドネックレスは1点あたり１００万円。10点で1千万円の売上。お客様がお客様を紹介してくださったわけです。私は何もせずにただ売上が上がるばかりでした。

その翌年の冬休みには、私の上顧客である会社社長の奥様と一緒に、Ｓ様の故郷中国へ行く約束をしました。

中国の空港に到着すると、先に中国入りしていたＳ様が、ダイヤモンドネックレスをお買い上げされたお友達10人と一緒に私のことを迎えに来てくれていました。お友達10名とは初のご対面です。あまりの大人数でのお迎えに正直圧倒されました。

「日本では私の友人Sにとても親切にしていただき本当にありがとうございます！」

「今日は私たちが歓迎させてください！」

今まで私が日本にいて味わったことのない、忘れることのできないなんとも言えない熱いモノが胸にこみあげました。日本にいるときのS様は何も悪いことをしていないのに、無視されたり誹謗中傷される毎日。そんなときに私が優しく声をかけてくれたことがすごく嬉しかったそうです。お友達の中には中国の漢方を取り扱うお医者様もいて、ひどく疲れていた私と社長の奥様へ漢方を煎じてくれました。昔、ブッシュ大統領が訪問したことがあるというとても素敵なレストランへもご招待してくださいました。

なんだか夢をみているような最高のおもてなしをしていただきました。今でもお付き合いをしている社長の奥様と話します。

「あの旅行は楽しかったね」

お互いに世界の色々な国を旅した二人ですが、あのような現地の方の心のこもったおもてなしはあとにも先にもないように思います。

これは今でも最高に楽しい思い出として、私の記憶に残っています。販売は人と人とのご縁がつながる最高に楽しい仕事です。だから20年間、やめられませんでした。

お客様から『私はこのお店の○○さんを知っている』と言われるためには、第4章の『気持ちのいいクロージング』を、よく読んで参考にしてください。

第3章　「選ばれる人」のトーク

いったい、何を話しているのですか？（注意・興味）

私はスタッフから「初めて来たお客様と、いつも何を話しているのですか？」と質問されることがよくありました。

お客様は私が接客につくと、とても楽しそうにお話をする。そして長い時間お店にいて帰ろうとしないのです。

スタッフは、遠くから私とお客様の会話を、耳をダンボにして聞こうとしているのですが、私の声はまったく聞こえないようです。

何を話しているかはお客様によってぜんぜん違うしこればかりはお客様の個人情報を話すわけにはいかないのでこの質問ばかりは具体的に教えてあげることができませんでした。

内緒の話を1つだけすると、恋愛相談が多かったです。好きな人の話は、楽しく話してくださいます。それがたとえ片思いであろうと恋愛話は尽きないものです。ストーリー性があって実に次回のご来店につながりやすいのです。

そうです！具体的には、人に教えることのできない、お客様の個人情報（現在の恋愛事情）について話していたのです。

会話の内容は、私とお客様だけにしかわからない秘密のやりとり。

お客様が結婚していればご主人の話、お姑様の話、などなど。

自分自身が経験したことのある話でないと、盛り上がることはありません。

独身のお客様の場合は、ほぼ恋愛相談がメイン。片思いの人の話やお付き合いしている人の話、結婚についての相談。


当時のカウンセリングや世話焼きが、現在のゆかり縁『結婚相談室』という仲人の仕事につながっているのだと思います。今では本格的に仲人として婚活のお世話をしています。仲人業を始めて1年以内に成婚実績を出しました。ラックヒルズ株式会社（ラックヒルズの意味は福岡出身なので福岡）を立ち上げ、販売店舗コンサルティングとブライダルコンサルティングの2つのコンサルティング会社を運営しています。自分にとってこの2つの仕事は生涯天職だと感じます。

話は元に戻りますが、お客様のなかでも上顧客様になると、さらに会社の売上の話や、お金の話、不動産の話、愛車や愛犬の話など。もっと深い話になっていくわけです。

絶対条件として、すべて自分が経験していること。そうでなければお客様と話をしても、会話が盛り上がることはありません。

スタッフがお客様の話ばかり聞きだす接客では、時間も会話も限界が生じます。自分の体験談がベースにあってこそ、会話は盛り上がっていくものです。

そして最後は、お客様が会話を楽しんでくれて、さらにストレスまで解消できたら上出来です。

気がつくと「今日はありがとう」と言って、お店の商品を買っていただき、また確実にリピートしてくれます。

このように、お客様がお買い上げしたうえ、向こうから「今日はありがとう！」と言ってくれる。

これが真の『選ばれるトーク』をした証なのです。

お金の話
不動産の話
ペットの話
車の話

商品をつかう喜びを話す（連想・欲望）

世の中には魅力的で優れた商品があふれています。

同業他社のお店の商品も、品質、価格にこだわり大変努力しています。

どこの店舗でも、お客様へ丁寧に商品説明と商品情報を伝えることのできるスタッフは、数多くいます。でもそれでは、インターネットで買い物をするのとなんら変わりありません。

今の時代、商品のことは、口コミ情報もあり、取扱説明書でも、だいたいわかります。

商品情報を明確にお伝えすることも重要ですが、まず最初にお客様にその商品を身につけていただき、イメージを抱いてもらうことがより重要なのです。

自分がこの商品を身につけたら、こんな風に見える。

人から、こんな風に思われたい。

それを販売員の私から、お客様を見たイメージを、しっかり、明確にお伝えする。

こうしていると、お客様はどんどん自分のイメージを膨らませます。そのなかには、憧れ、夢、こんな風になりたい、こんな風に見られたい、というさまざまな希望も含まれているのです。

私は販売員として、お客様に費やす時間を、この『イメージタイム』に注いでいました。

インターネット販売との最大の違いは、お買い物をしている最中のお客様と、直接に会話ができる、という点です。

お客様に最高のイメージを抱いてもらい、その幸福感と喜びを感じてもらう。

私たちが無理に商品をおすすめするのではなく、お客様がみずから強くイメージを抱くことによって、その商品が高く評価されるのです。

お客様に『買いたい』と思ってもらう極意

ポイントは、お客様の抱くイメージ

こんな風になりたい！
こんな風に見られたい！

↓

商品を身につけ
イメージを膨らませてもらう
購買のポイント

↕

お客様の『イメージ確立』に
接客の多くの時間と力を注ぐ

↕

お客様は、強くイメージを抱くことで
その商品が欲しくなる

選ばれる人の、お声掛けからお見送りまで（比較）

「今日は何かお探しですか？」

「どういったものをお探しですか？」

お店に行くと、ほどよい距離感で販売員が声をかけてくると思いますが、声掛けから接客トーク、お見送りに至るまで、マニュアルどおりの販売員が多すぎます。

声掛けからは、いよいよ本番。舞台の開幕です。

商品を見ていたら
「そちらは素材が○○で、この部分がこの様なお作りとなっておりまして…」

こんな、定型文の商品説明。

お会計が終われば
「ありがとうございました。またお待ちしております」

こんな、当たりさわりのないお見送り。

これらはどちらも間違いではありません。マニュアルどおりの、間違いのないフレーズです。でも、どこの競合店でも、これでもかというほど丁寧に行っていることなのです。

私はこの決まったような『お声掛けから、お見送りまで』が嫌いでした。自分では行わないようにしていました。なぜなら、自分がこの声掛けや説明をされても、確実に無視するから、なのです。

マニュアル通りのお見送りをされても、その販売員の顔さえ思い出すことはないでしょう。

あなたがお客様としてお店に行ったときのことを想像してみてください。スタッフから声をかけられて、すぐにニコニコと返答するでしょうか？これはお客様に悪気があるわけではなくて、少し警戒していたり、何と話してよいかわからなかったりするから、ではないでしょうか。

私が接客をしていたとき、ご来店されたお客様にご挨拶をしたあとは、遠くからお客様のことを直視しないようにに観察していました。

2回目のお声掛けは、お客様が立ち止まって商品を見ているときに行います。2回目の声掛けで、必ず、お客様が無視できない質問を投げかけるのです。

例えば…

お客様が今身につけている商品について。

「このお色味の製品、初めて見ました。どこで購入されたのですか？」

「○○系のお色味がとてもお似合いになられていますがこのお色がお好きなのですか？」

「今日は朝から雨が降っていましたが、今、雨は止んでいますか？」

自分自身が声をかけられても確実に答える質問です。

私の今までの経験上、このような質問をされて答えを返さないお客様はいませんでした。

他にも商品の前で立ち止まって見ているお客様へ

「実際にお使いいただいているお客様が、とてもコーディネートに取り入れやすいと気に入ってご愛用されていますよ」

「この商品は同じものを色違いでご購入されるお客様もいらっしゃいますよ」

ご来店されたお客様は、販売スタッフが使用していることよりも、実際別のお客様からの口コミ情報や評価が気になるものなのです。思わずお客様から質問が返ってくるお声がけ方法です。


よくある販売の本に、声掛けは7秒待って、とか、3回行う！などという決められたマニュアルがありますが、マニュアル通りは卒業してみましょう。


お見送りも同じです。

お買い上げされたお客様との時間を楽しく過ごせたら、お見送りするとき、寂しくならなければならないはずです。

なぜ何もなかったかのように、ニコニコお見送りができるのでしょうか。

ニコニコは、お客様が商品を買ってくれた、という自分の喜びだけではないでしょうか。

私は、せつない気持ちを、表情にあらわすようにしていました。

例えると、飼い主が外出していく姿を玄関で見送る愛犬か愛猫のような感じでしょうか。

人間は言葉を口に出すことで相手に伝えることができますが「また必ず帰ってきてね！」と話せない愛犬や愛猫の表情…。そうです。玄関で飼い主を見送るペットのような表情です。

そんな表情をまじえたお見送りをしてみると、なんか憎めない愛おしいスタッフだと思われるでしょう。

ただし、販売員のお見送りトークのときに「また必ず帰ってきてくださいね！」を言葉にしてしまうと、お客様にドン引きされてしまいます。気をつけましょう。

自分のことをよく見て、考えてくれている。そんなふうに、お客様が感じる特別感のある声掛けやお見送りができる販売員ならば、他店と圧倒的に差をつける『選ばれる人』になることができます。

選ばれる人の極意とは――?!
お見送りにアリ!!!
お客様と楽しく過ごした時間…
それが終わる時
その寂しさを表情で伝えるには…!?
きゅ〜ん
また…必ず帰って来て下さいね…!
玄関で飼い主を見送るペットの表情で!!
きっと、またあなたに会いたいと思ってくれるはず…!!
また近いうちにのぞきに来ようかな?

わからない時は、バカになれ（比較・信頼）

これは現場にいても、現行犯ではなかなか捕まえづらい話なのですが…。

お店で働くスタッフは、お客様に対して話を合わせることができれば、なんでも答えておけばいい、と思っていませんか。お客様に発する言葉は、自分が知らないことでも口先だけ合わせておけばなんとかなる、と思っている人が多いのです。これは、本人だけでなく、お店にとっても命取りの話になってしまいます。

あなたのまわりでも、たまにいませんか？

話をしていて、この話を知ってる？と振ってみると「あ、それ知ってる知ってる」と返事をする人。しかし、そういう人は、その先の会話をこちらにゆだねるのです。話を振られたら、きちんとその話について答えなければ、自分が知っているうちには入りません。

「知ってる、知ってる」ふりをするなら「え、私はその話、初めて聞きます」「わからないので、教えてください」こう返した方が、相手は気持ちよく話をすることができるのです。何も恥ずかしいことではないのですが、自分が何でも答えら

信頼を得るための注意事項

会話を弾ませるために
自分が知らないことでも口先だけ合わせておくと

↓

いつのまにか会話が続かなくなり
かえって不信感を抱かれてしまう

↓

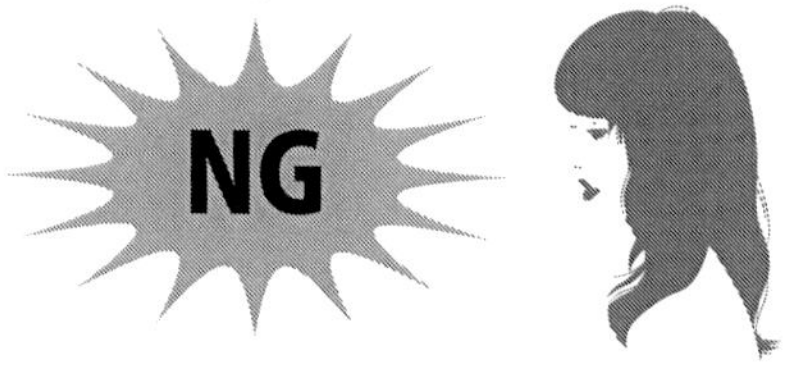

↓

『知らないので教えてください』という勇気が
会話を弾ませる

↓

お相手は気持ちよく教えてくれる

れる、というぬかりない人間を演じるのは、もうやめましょう。

ここで私が過去に体験した例を1つ、ご紹介したいと思います。

銀座のスタッフの紹介で、ある美容室に通っていました。

ここの店長のカット技術は素晴らしく、それにとても満足しているファンの一人でした。有名芸能人も絶賛している美容室です。

ある暑い夏の日の出来事でした。

いつものようにカットで来店しました。そして、カット前のシャンプー台へ。

前回、初めて私にシャンプーをしてくれた新人男性スタッフが今回も私をシャンプー台まで案内してくれました。

「ユカリさま、お久しぶりですね！」

私は彼に笑顔で挨拶をしました。

ここまではよかったのです。新人男性スタッフはシャンプーをしながら「ユカリさまは､前回ご来店されたとき､このシャンプーの香りがお好きだとおっしゃっていましたよね。今回も使用しますね！」

私「？？？」

心のなかで「この香りは、初めて嗅ぐ良い香りなのに。洗い上がりも夏にぴったりの爽快感があり商品名を聞きたいけど、ま、いっか。私ではなく違う人との会話よね」そして「しかし、適当にわかったふりして仕事してる」と心で思いました。

そのあとの会話が完全につまらなくなり、そのスタッフから話を振られても、シャンプーの購入をすすめられても、適当に返事をしました。

店長のカット技術のファンでなければ、次回の訪問はなかったでしょう。

そんな適当な会話をしているスタッフを相手にするより、他のお店で黙って一生懸命シャンプーしてくれる新人スタッフの方が、よほど好感がもてます。

こんな怖いことが、上司の知らない間に起きているのです。翌月、カットへ行ったときはそのシャンプーボーイは退職していました。

あのトークを続けていれば、お客様は無言で離れてしまうし、自分自身もお客様との会話が続かないでしょう。接客はお客様相手の人気商売です。適当なやっ

お客様との絆を深める極意

ポイント：お客様に尋ねる

お客様の身につけているもの
お客様の髪型、メイク、ファッション等

↓

人間の『自己承認欲求』を最大限に満たす

↓

お客様に自信を与える

↕

お客様を褒めるのを超える行為

お客様とユーザー同士として情報交換する

↓

絆が深まる

つけトークをしていると、お客様にはすぐばれて、お店から離れていってしまいます。

お客様に自信を与える（信頼）

私が店舗でお客様に自然とおこなっていたこと、それは『お客様に聞く』という行為です。これは『お客様を褒める』を越える行為にも値します。

「素敵なお召し物ですね！」などと、お客様を褒めるスタッフはいると思いますが、何か、うわべだけ、というように感じませんか。なかには褒められることが苦手なお客様もいます。

あくまで目的は、お客様に自信を与えること。実際に自分がお客様をきちんと見て本当に良いと思ったヘアスタイルやネイル、お化粧品、身につけている持ち物のことを具体的に聞きます。

お客様が楽しそうに話をしてくれた、お客様の行きつけのお店も同様です。そして自分が本当に良いと思えたら、その場所を教えてもらうのです。

その後、お客様が教えてくださったお店へ自分の休日を利用して実際に行き、「行ってきました！」と体験を報告します。

実際に歯の矯正をされていたお客様と、本気で歯の矯正の重要性について話したことがありました。日本はまだまだ浸透されていませんが、歯並びと歯の白さで、その人の評価を下すという銀座のお客様が多くいらっしゃいました。シャネルの頃もスタッフは歯のホワイトニングについてかなり意識が高く、私も紹介していただいたお店でホワイトニングを受けたことがあります。一度受けると白さが元に戻ることはなくとてもよいお店を紹介していただきました。そのお客様は黙って見ていて私の歯の白さを評価してくださっていたので、遠慮なく歯の話をされたのだと思います。本来、物凄く歯並びが悪いわけではないのですが、更に良くするために色々と情報を教えてくださいました。コロナ禍マスク着用の今(大人の歯科矯正を始めました)。その後、お店に足繁く通ってくださり高額商品のお買い上げも数多くしていただきました。

お店や病院を紹介していただいたあとは、そのお客様へ御礼、報告を忘れず自分の感想も言いますが、ヘアスタイルやネイルなどは、お客様から感想をいただくのです。それはお客様を認めて自信を与えることにつながり、さらに『絆』や信頼関係を深めることになります。ただし本当にそのお店へ行く覚悟と気持ちがなければ、むやみに聞いては失礼に当たるので注意しましょう。

お客様と情報を交換しあうことは、大切なコミニュケーションの1つです。

私にとっての接客は、お客様の気持ちを動かすこと。

最終的には『欲しい』、『買いたい』につながりますが、そこに行きつくまでには、確かな信頼関係を築きあげていくことが肝心です。

第4章　選ばれる人のクロージング

（決心・満足）

店舗のスタッフから、一番よく質問されること

銀座シャネルを退職後、ルイ・ヴィトングループ（ヨーロッパ発カジュアルブランド）の直営店23店舗の統括マネージャーとなり全国の店舗販売トレーニングをしていました。

そのとき店舗のスタッフから一番多く出た質問が『クロージングについて』でした。

店舗用語でよく使われるクロージングとは、お客様がお買い物を決定されるときに販売員がとる『行動や締めの言葉』です。販売だけではなく、売上を上げなければならない営業職も、すべて当てはまる大変重要なポイントだと思います。

「お客様が、検討させてください、と帰られてしまいました…」

「お客様の反応が、得られません…」

「売り逃しが、続きます…」

「もう、どうしたらよいのか…」

完全なスランプ状態のことを、私は『ネガティブ・スパイラル』と呼んでいま

クロージングポイント（1）

基本的考え方

クロージングは接客アプローチの集大成
クロージングだけを頑張ってもダメ！

↓

注意 → 興味 → 連想 → 欲望 → 比較 → 信頼

このプロセスのなかで：
お客様があなたにも興味を持ち
お客様に連想させましたか？
お客様に欲望を持たせましたか？
他店の販売スタッフよりもあなたが一番と
思ってもらえましたか？
これらを通してお客様にすべて信頼されましたか？

これができていなければ、
クロージングは成立しません
クロージングはあなたのアプローチの集大成

した。

売れなければ売れないほど、このネガティブ・スパイラルに陥ってしまう。

こうなると、本当に辛いです。個人予算と売上の差は日を追うごとに開いていき、焦りは増すばかりです。

売りたい。

売りたい。

なんとかして売りたい。

しかし、最後の『クロージング』だけ頑張っても、なかなか決定には至りません。前章、振り出しに戻ってみてください。

注意→興味→連想→欲望→比較→信頼

お客様に連想させて欲望を持たせ、他社の商品や他店のスタッフよりも『あなたが1番』だと思ってもらい、比較をクリアにして、信頼されましたか？

最後のクロージングは、この一連の過程ができていなければ、今さら、頑張り

ようがないのです。

レストランで言うと、何も努力せず、手抜きの食事を出して、最後に心をこめた熱いコーヒーを出す。

私のフルコース料理、満足していただけました？　どうでした？

そんなふうに最後に言われても、舌の肥えたお客様はお見通しです。最後だけ思い切り頑張って美味しいですか?と聞かれても返答に困りますよね。


ブランド業界の接客は、ほぼマニュアル化されていて、本当の意味で販売スキルの高いスタッフが少ないように感じます。「接客内容がほどほどで悪くはないけれど…」という人は多いのですが、結局『ほどほど』なのです。マニュアルでは追いつけないスタッフ一人一人の個性が技につながります。強烈に自分の個性を出しながら最後にお客様に信頼されることが大変重要です。

この一連の流れが理解できたら、クロージングで行き詰まって悩むことも少なくなるでしょう。

これは、ビジネス・婚活においても全く同じです。お相手に『興味』をもってもらうことからトライしてみてください。

もう2度と会うことができない、と思い接客する

私が初めて宝飾業界に足を踏み入れたのは今から20年前です。当時、一度だけシャネルのファインジュエリーのお店へ電話をしたことがあります。

「スタッフ募集していませんか」

「色石のご経験はありますか？」

「いろいし？？……」

色石の意味がわからなかった私。

今思うと本当にお恥ずかしい話ですが、ルビー、サファイア、エメラルドなどの色付きの宝石のことを『色石』と呼びます。そこですぐに門前払いとなりました。ちょうどタイミングよく九州初出店となる東証一部上場企業の日本のジュエリーメーカーが福岡に初出店する時期と重なり「これは修行できる絶好のチャン

ス！」と思い迷わず入社を決めました。

今でも私が尊敬して止まない、初めての宝飾業界で出逢った上司から教えてもらった言葉があります。

「これから、お客様がお店を出たら、買わなくてよかった！と思うものを販売します」

今まで衣料品（生活必需品）を販売していた私にとって、この言葉は衝撃でした。

お客様にとって日常生活に必要でないもの、生活する上で、なくても困らないものを販売する。これがどういう難しさなのかを宝飾の販売で学びました。

自分に置き換えてみてください。高額な宝石を見て「なんて素敵なのでしょう！」と、その場で盛り上がったとします。しかしお店の外に出ると「素敵だった」という気持ちは、確実に過去形に変化しています。次には、もう他のことを考えている自分がいたりします。

よくある販売のマニュアル本には、お客様が迷っているときは他のお店を見てもらうため帰ってもらう、などと余裕のあることが書いてあります。それは、私には考えられません。生活に必要な商品であったとしても、ジャンルは異なりますが人とのコミニュケーションも同様です。

ここで1つ実際に起きている話をしましょう。

最近、お店へ目的買いでコートを買いに行きました。欲しい商品は自分のサイズがなく他店舗にありました。お店で言われたこと。

「他店に在庫がありましたので取り寄せ致します！1週間取り置きしますが来店されない場合は自動的にキャンセルとなってしまいます」

もう1つの店舗では、

「〇〇店にありますので行ってみてください」

丁寧に取り寄せしていただくこと、〇〇店にあることを教えてくれることは大変ありがたいです。しかしよく考えてみてください。お客様は「今」コートを求めているのです。季節、気温、体感温度、全てのタイミンが「今」なのです。

私が20年以上店舗にいた経験から、内金をいただかないお客様は高額商品であればあるほどお店に戻ることは極めて少なかったです。ここで先に全額商品代金をお支払いいただくか内金をいただいておかないとお客様は他店で購入してしまいます。

これは、男女のお見合い、交際においても大変よく似ているなと仲人をしていて感じます。

内金を入れなくてもお店で取り寄せした商品を買いに行くお客様は、よほど、その商品一筋で惚れ混んでいる。まだ迷っている方は他にもっといい商品（男女のお見合い、交際では異性）があるのではと考え、ふらふらと他のお店も見るわけです。その日は時間があるのですから。

店舗も人も、毎回もう2度と戻ってこない、そういう危機感や哀愁の想いで挑みましょう。誤解のないように言っておきますが、これはなにがなんでも帰さない、という「しつこい」意味合いとは異なります。

本当にもう2度と会えないかもしれない愛しい人に、どれだけのエネルギーを注ぎますか？あなたのその「熱意」はきっと相手に伝わるはずです。

優しくされると逃げたくなる　引くと、冷静に考える

誠心誠意、丁寧な接客をしても、なかには「他のお店を見たい」と帰るお客様もいます。

他のお店では私と同様の接客、つまり

注意→興味→連想→欲望→比較→信頼

ここまで受けることはできないでしょう、という想いは、まだお客様には伝わりません。

このタイプのお客様は、自分で『比較』を体感しなければ納得しません。

こんな時は、お客様のことを第一に考えて、私にできることは精一杯やりました、もう思い残すことはありません、と心に思って笑顔でさっぱりとお見送り（お別れ）します。

しかし

注意→興味→連想→欲望→比較→信頼

ここまでしっかりしていれば90％の確率で、接客したお客様は当日に戻ってき

てくださいました。

銀座という街は『お客様の比較したい気持ち』が一番多く持ち上がってくるエリアでした。自分に置き換えてみてもそれは仕方がないことです。銀座は有名宝飾ブランド店が勢揃いしている激戦区ですから。

「あと2店舗見てから今日中に決めたいと思います！」

と言い放つ、ブライダルリングとエンゲージリングをセットで購入されるお客様。

一生に一度のお二人が生涯身につける記念すべき宝飾品ですからそれもうなづけます。お店側としても、２点で80万円から１００万円コースの売上が本日取れるか取れないかの重要なところ。この売上は個人予算をかかえている身にとっては非常に有難い大きな金額です。

しかし私はそこでさっぱりと引き際良く『この比較のお客様』に関してだけは

「やることは精一杯やったのでさようなら」

「私みたいな販売員（彼女）はいませんよ」

顔は最高のスマイル、しかし心ではそのように思ってお見送りをしていました。

送り出したあとは、引き続き順番待ちをして3回転くらい接客。するとドアマンから私の内線携帯電話に連絡が入ります。銀座の路面店は地下から5階まであり広いのでスタッフ全員が仕事用の内線電話を持っています。いつもどこにいても大切なお客様が戻ってこられても連絡がとれるように。たとえ接客中でも常に神経を張り巡らせている状態です。

１Ｆのドアマンからの内線電話で、

「ユカリさん、さきほど接客されていました○○様がお戻りです」

私、心の中で
「きた――――。」

ドアマンへ、私から
「現在○階にて接客中ですので○階の空いたお部屋でシャンパンを出してお待ちいただくようにお願いします」

この間は手の空いているスタッフがフォローしてくれます。

戻られたお客様は私が他のお客様を接客していることを知るとなお、あの人気のあるユカリさんに私たちも待ってでも接客してもらいたい！と更に強く思い信頼度が深まるようです。

こうなると、この時点から立場が逆転します。

「〇〇様！大変お待たせいたしました！」

一度その場のクロージングで決定できなかったとしても、お客様の記憶に残る過程、中でも『信頼』されることが一番重要です。

戻ってこられたお客様には、もう抱きつくくらいの深い愛情表現でお迎えします（もちろん、本当に抱きつくことはできません）。

一度、大恋愛した恋人と別れて、また復活したような感じでしょうか。

もう君のことは絶対に裏切らないよ！という表情でお店に戻ってくるお客様。

そして私とは乾杯できませんが、ご購入を決定したお二人がシャンパンで乾杯するシーン。

私はその間お客様の目の前で大量の現金1万円札を数えているか、カードでのお支払いに集中します。

この感動の日々。

だから販売は楽しいです。もっとクロージングを楽しんでください。クロージングは大恋愛のように深く毎回ドキドキ感動の連続なのです。

主導権者や紹介者を軽んじる人は最終的に選ばれません

とても大切な話をします。

お一人でのご来店以外にも、ご家族連れやカップル、友人とご一緒など、ご来店の仕方もさまざまです。お客様が２人以上でご来店された場合、誰が主導権を握っているか、考えながら接客をしているでしょうか？

私はまず、会話のやり取りを黙って聞きながら主導権の観察をしていました。見た目が男らしくて、俺についてこい！タイプの男性がじつは奥様の言うことに忠実であったり、その逆で、何でも言うことを聞いてくれそうに見える男性が、じつはとても細かく口を出す場合もあり、付き添いのお客様も本当にさまざまです。

ここで先に私の過去の失敗談をお話しします。私にも接客の中で沢山の失敗経験があります。

ある宝石のイベントで、ご新規で素敵な御夫婦が来店されました。私が接客担当。ご主人の身なりはタキシード、奥様はイブニングドレスを着用した夜のイベントでした。当時の私は、大変高額な買い物をする際、御夫婦の主導権というのは、当然ご主人が握っているものだと思っていました。勝手な自分の思い込みですね。

そして３００万円相当のダイヤモンドネックレスを奥様が身につけている時、最後のクロージングはすべてご主人に向けて行ったのでした。二人ともだんだんと口数が少なくなりだんまり。その後、ご主人は居づらくなったのか「また来ます」と帰られました。この御夫婦の主導権者は奥様だったのです。奥様がご自身で事業や管理職をされていて自由に使えるお金がある場合もあるわけです。今は女性の方が男性よりも収入が多い夫婦共働きの家庭も珍しくありません。

販売歴20年の人間ウォッチングで、無意識のうちに鍛え抜かれたのは、クロージングのときに役立つ『主導権者』（買うことを決定できる人）を読みとる力です。私自身が最も苦手な分野であったということは、店舗で最も重要な課題であると確信します。

お客様が商品を購入する際、**お連れの方が一緒である場合のクロージング**は、必ず主導権を握っている人『主導権者』と一緒に行います。買い物に来られたご本人である場合もありますし、お連れの方の場合もあるということを見極めること。

効率のよいクロージング方法のひとつです。

さらに見極める力が強化されるとお連れの方まで2点購入につながるケースも珍しくありませんでした。

ポイントは、まず最初に主導権者と共感しあうこと。

ここで、絶対に注意しなければならないことがあります。

カップルや御夫婦でご来店された場合、主導権者が私（女性）から見て異性（男性）だとします。その場合『最後まで彼女や奥様の顔を見続けながら』接客することが重要です。

けっして異性（この場合主導権者）に目線を向けて話が盛り上がってはいけません。

この重要なポイントを間違うと、彼女や奥様のご機嫌を、知らない間にそこねてしまい、帰られてしまうことにもなりかねません。

これは男性販売員が接客しても同様です。

男性販売員は彼やご主人を見続けて接客することです。ほんの些細なことのように思われるかもしれませんが、とても大事なことです。

誰が主導権（お財布）を握っているのか？

販売員は、まず主導権者を把握し、主導権者にヘルプをもらいながら同性同士の目線を保ちクロージングします。

これはビジネスにおいても婚活においても重要なことです。

紹介者やお世話をする人、アドバイスをする立場の人を無視して勝手に自分達の世界を築いてしまい突っ走る。最終的には信頼をなくしてしまい、うまくいかなかったケースを見てきました。気をつけて実践してみてください。

迷っている場合、デメリットを伝える

私がスタッフ採用面接の際に、必ず質問することがあります。

それは、お客様がAとBの商品で『どちらにしようか』と迷っていたとします。

あなたは、どのように応えますか？

そう問うと「お客様はどちらがお好きですか？と質問する」と答えるスタッフが一番多かったのです。

販売マニュアル本のなかには、迷っているお客様には「あいまいに聞く」と回答しているものがあって、思わず突っ込みを入れたくなりました。

お客様は販売員に『これ購入して！ＯＫ』という確たる回答を求めているのです。

一緒になって「Aもいいですよね。でもBもいいですよね。お好みに近いイメージはどちらですか？」などと回答していると、お客様はいつまでたっても決断することができません。「冷静に考えて、また来ます」と帰られてしまうことになりかねません。

クロージングポイント（2）

お客様の信頼を得ることが
クロージングで最も重要

信頼を得るために

商品説明では1つの商品に対して
3つのメリットと1つのデメリットを伝える
デメリットを説明することで信頼性が高まる
よいことばかり話さない

↓

真摯に回答する販売員にはお客様の信頼感が高まる
お帰りになるケースが激減する

お客様が2つの商品で悩むアイテムで一番多かったのは靴でした。靴は自分の足にサイズが合うものが2足あると本当に悩む方が多いです。2足とも買うほど欲しいとは思わないみたいです。そして靴を迷うお客様は時間もかかります。その商品を履いて歩きまわれますし、履いたまま自分で全身ミラーのあるところで今のファッションと合うかコーディネートまで始まります。疲れたら靴をフィッティングする際に使用する椅子で勝手に休むことができる。販売商品の中では売ることがもっとも大変な上位にランキングされると思います。

お客様が、せっかく長い時間をかけてお気に入りの商品を見つけて、最後、2つに絞ったわけです。

自社商品のことを良く言うスタッフばかりのなか、私は1つの商品に対して3つのメリットと1つのデメリットを伝えるように指導していました。

それでは、デメリットの例をあげてみましょう。

1つ目の商品は、こんなに素晴らしい商品ですが、少し耐久性の面で弱い部分があります。この部分です（具体的に）お取り扱いに注意が必要な素材ではあり

ます。（＝商品に対するデメリット）

２つ目の商品は、お客様が今ご愛用されている商品と色がとても似ているので似たものが2つになってしまうのではないでしょうか。どうしても似た色を買ってしまいますよね。私もそうです。（＝選択方法に対するデメリット）

お客様は「あれもよい、これもよい」という販売員よりも、こんなに真剣に回答してくれる販売員の声を重視して、聞き逃しません。親身に回答してくれたのだから、と信頼してくれて私に身をゆだねてくれるようになります。

この信頼関係が築けたら「今日は考えます」とお帰りになるケースが激減するようになるのです。

お見せするだけの重要性

ここまで、クロージングについて私が実践してきたことをお伝えしてきました。

ここまで完璧にできるようになれば、接客が少しずつ上手くいくようになりま

選ばれる販売員の極意（1）

お買い上げ後のもう1点をアプローチ

お買い上げいただいたお客様は
身も心も開放感に満ち溢れている

↓

その状態のお客様にもう1点商品をお見せする

↓

※商品を見せられて怒るお客様はいません

↙　↘

その場でもう1点購入　　また戻って来て購入

ポイント

ただ見せるだけ ⇒ 売らない

販売員の限界

すでにお買い上げいただいているお客様にこれ以上は言えない

＊自分で自分に限界を作ってしまいがち

す。

普通の販売員であれば、個人予算をクリアするには十分かもしれません。

しかし、1億円プレーヤーと普通の販売員では、ここから大きく差が開きます。

（第2章 選ばれる人の接客 を再びご参照ください）

選ばれる人の接客では、ランチの話を『わかりやすい例』として出しました。

あの『食後のコーヒーは、熱いモノを出しましょう！』です。

さらに1億円プレーヤーは何をするかと言うと、熱いコーヒーを飲んで満足しているお客様へ1億円プレーヤーおススメの『ケーキ』をお見せするのです。


私が宝飾の店長をしていた当時、一番お客様に売れていた商品は50万円から100万円相当のダイヤモンドでした。女性でダイヤモンドが嫌いという人は口では言わないだけで誰もいないと思います。お買い上げされたお客様の商品が『指輪』であった場合、レジにてお買い上げ手続きが完了しとてもリラックスしているお客様へ、私は必ずお客様がお買い上げされたダイヤモンドリングと同等クラスの『ダイヤモンドネックレス』をお見せしていました。あくまでも『見せるだ

選ばれる人の極意（2）

人間の隠れた欲望
もっといい人がいるのではないか？

他人の目を気にしない
自分の目を信じる

↓

①相手があなたを選ぶということは
他の選択肢を捨てること

②リスクをとらないで安全に進めようとしても
選択肢は広がらない

け』です。すでに同等クラスのネックレスをお持ちのお客様には『ルビー』をお見せしていました。あくまでも『見せるだけ』です。この時ばかりは売るという気持ちは忘れていてちょうどよいくらいです。この『見せるだけ』の私の行為を怒ったり気分を害されるお客様は誰ひとりいませんでした。お客様は更に笑顔になり顔の表情もきらきらしてきます。「こんな素敵な商品を見せてくれてさらにつけさせていただきありがとう！」と感謝までされるのです。私がただ見せただけの商品をお客様が『いま』欲しい！と思われた場合はその場で売れてしまいます。次のご来店の際にお友達や家族、パートナーを誘って買いに来てくださるケースもあとをたちませんでした。

先にランチコースのデザートのケーキに例えましたが、頼んだランチコースにケーキがついていても、いなくても、ケーキをお見せして怒るお客様はいません。ケーキはお店で販売している数少ない人気商品なので、そのケーキを見たお客様は「ケーキは、サービスしてくれないの？」とも言いません。

販売員がおススメしたケーキをいま召し上がりたいお客様は、その場で注文してくださいますし、今日はお腹がいっぱい、という場合は、次の機会にお友達や家族、パートナーを誘って、また食べに来てくださるのです。

この『ケーキを見せるだけ』ができるスタッフが非常に少ないのです。

販売用語で『お買い上げ後のもう1点アプローチ』とも言いますが、見せるだけなのに、販売員は勝手に自分のなかで『すでにお買い上げしているお客様に、これ以上言えるわけがない』と自分でブロックしてしまいます。

熱いコーヒーを出したあとには、自信を持って『おススメのケーキ』をご紹介しましょう！

第5章　選ばれることについて一緒に考えましょう

選ばれることについて一緒に考えましょう

みなさん、選ばれるために何か意識したことはありますか？　特に意識したことはありませんか？　ビジネス、恋愛、婚活において、良い結果を出している人は、お相手から優先的に選ばれています。

コロナ禍を経験し更に気づいたことがありました。これまで当たり前だったこと（普通に海外へ行けたこと、マスクをして外出しなくても良かったこと）が当たり前ではない世の中でしたね。最近よく耳にする「二極化」という言葉。

今後、富裕層か貧困か、はっきりと分かれる時代が来るとも言われています。この「二極化」の話を耳にした時、私の頭に浮かんだワードが「選ばれる」という言葉でした。

会社を立ち上げておかげさまで11年目を迎えます。

・ユカリさんだからお願いしたい
・ユカリさん以外は考えていない
・いつもユカリさんのブログを見ています

大変有難いことにそう思っていただき選ばれてきたことで、現在も会社、結婚相談室ゆかり縁が存続しています。感謝の気持ちと共に選ばれることの重要性を痛感する日々です。

お相手から選ばれることによるメリットは？　選ばれることにより更に良いパフォーマンスが発揮できます。

こんな風に感じたことはありませんか？　私は

・目に見えない努力をしている。

・人一倍頑張っている。

しかし、評価を下すのは自分ではなくお相手。自己満足では意味がありません。

お相手から「とても良い！」と認めていただかなくてはなりません。

それでは選ばれる人について一緒に考えてみましょう。

選ばれる人には理由があります。

・どこか自信がある
・幸せそうに見える
・一緒にいると気分が良く楽しい
・表情が豊か
・肝心なところで逃げない
・感謝の気持ちを持っている
・気持ちよく挨拶、御礼ができる
・本音で話ができる
・正直である
・パワー、ガッツがある
・他人でなく自分に対して厳しさがある
・人の意見を真向から否定しない
・人のせいにしない

たまにユカリさんだから出来る（選ばれる）のではないですか?と言われる時

がありますが考えてみてください。右頁のことはそんなに難しいことではありません。変えていかなくてはならないのは気づきと意識です。そのあと外見と続きますが、次のような例外もありました。

こうして選ばれたのか……と感じた人の話もしておきます。はじめに　で書きましたが私自身も選ばれなかった経験をした時に、選ばれた人がいました。さてどんな人だったのか？　その人は自己主張することがとても得意な人でした。自慢、真似、私がもっとも嫌いなことです。他に、人を陥れて自分だけ選ばれようとする人もいました。

しばらく人間嫌いになりそうでした。会社員であれば正当に評価してくれる上司がいましたが（会社によるかもしれません）自営業は誰もいないのでとても辛く感じました。しかしそこで投げ出さなかったので現在の私がいます。

私はこのような経験をした上で、世の中にはそうやって選ばれる人もいるということに気がつきました。そのように選ばれた人のその後の信頼や結果は、果たしてどうなのでしょう。ただ選ばれたとしても信頼を無くしたり、リピートされなければ意味がありません。

人から信頼されて選ばれることの方がお互いに幸せだと思うのです。いつもぶれない生き方をしたい、そう強く感じます。

これから一緒に選ばれ続ける人になりましょう。

20代の頃からずっと変わらぬ想い

私は20代の頃からずっと変わらぬ想いがあります。

これから、90歳の高齢女性の話をします。その方はとても上品な女性で、さりげなくハートの透明度、輝きの素晴らしいダイヤモンドの指輪を身に付けていました。私は「なんて素敵なのでしょう！　とても憧れる！　未来はこんな高齢女性になりたい！」と心から思います。

この話には深い意味があります。ハートのダイヤモンドの指輪を身に付けた上品な高齢女性を見てそのように感じる人は、もしかすると世の中で私1人だけかもしれません。しかしその1人（私）が物凄く素敵だと感じる魅せ方をしているのです。たった1人から物凄く良い！と思われることで1つの高額商品ダイヤモンドが売れます。そうです。高齢女性が1人の人から認められ、身に付けている物が選ばれたのです。

私は何を伝えようとしているでしょうか？

90歳の高齢女性は存在しているだけで、ダイヤモンドを自ら売っていません。何も語っていないのです。高額宝飾品の販売、気がつくと売れていた経験、究極の販売方法がまさにこの話と通じます。

ビジネス、男女の恋愛、結婚も同じです。

・選ばれよう！

・良く思われよう！

・良く見せよう！

・気に入られるように話そう！

まず大切なことは必死にならず、90歳の高齢女性のように自然体で笑顔でいること、いつ見かけても何もブレないスタイルでいること、年齢は関係なく**本当に良いもの、ことを知っていること**がとても大切であること。お相手に伝える言葉は、その後からです。

私自身もこれまで20年以上、販売現場でたくさんの人に出逢い習得してきました。

たくさん頭をぶつけ失敗を経験しました。たぶん皆様より苦しんだ経験が多いと思います。

ご自身でこのたくさんの経験をすることはなかなか大変で難しいですよね。

大人になり年齢を重ねるほど人からアドバイスをもらうことは意外と少なくなります。

慣れてきた職場や親しい友人も、共感してくることはあるかもしれませんが、自身で学び、気づくことがなければ何も変わりません。

成長すること、気づくことで環境、人間関係まで良い変化を起こすことができるのです。

「お相手は鏡」とはよく言ったもので、自分が進化することで周りも変化します。

まずは何を改善すれば良いか？

一緒に学び気づいていけると良いですね。

皆様の健康とご活躍、幸せを心より応援しています。

ビジネス・婚活「選ばれる男女」になる秘訣

DMMオンラインサロン

代表ユカリが「選ばれる」をテーマに20年間の販売員現場指導と結婚相談室運営11年の経験を交えて大変現実的且つ日常生活に重要なテーマ動画を配信!

最新の情報を探していただく場合は ゆかり縁 で検索して下さい。

または、ラックヒルズ株式会社ホームページをご参照下さい。

最後まで読んでいただきまして誠にありがとうございました。

『婚活・ビジネス「選ばれる男女」になる秘訣』
ゆかり縁　オンラインサロン

相手から（選ばれる人）になる秘訣について
ここでしか聞けない㊙選ばれるための 12 のレッスン

1 月　90 歳おばあちゃんの話と妊活の話（仲人㊙対談）
2 月　アプリ婚活と結婚相談所の話（仲人㊙対談）
3 月　私（ユカリさん）だから選ばれるのではないですか？
　　　（私の選ばれなかった体験談）
4 月　なぜ自分は選ばれないのか？
5 月　幸《さち》薄そうと思われていませんか？
6 月　トレンド迷子（男女のファッション徹底解説）
7 月　ありのままでいいはずはない
8 月　大切な間について一緒に考える
9 月　群れない幸せ（ビジネス、婚活）
10 月　相手に選ばれるための決めセリフ
11 月　リアクションの重要性
12 月　ビジネス・婚活　大切な距離感とバランス

オンラインサロンを受講された方から：

①ゆかり縁オンラインサロンを受講して 2 ヶ月目で結婚が決まりました。
②今まで経験したことがないほど、スムーズに選ばれるようになりました。
③苦手だったクロージングができるようになりました。
④気づきが多く仕事・恋愛・婚活が楽しくなりました。

驚きと喜びの声を多数いただいております。

ラックヒルズ株式会社ホームページ：http://luckhills.com/
オンラインサロンお問合わせ先：info@luckhills.com
アメブロ：http://ameblo.jp/luckhills/

選ばれて幸せなご成婚をされた男女の皆様

②ゆかり縁成婚退会後　結婚相談所ご開業

①ご成婚者様

ゆかり縁結婚相談室は日本結婚相談所連盟（成婚・入会率）上位 19.5%に認定されました

あとがき

ここまでお読みいただきありがとうございます。
この本は販売の話をメインに書いていますが「お客様」を「お相手」に置き換えてもう一度お読みいただきたいなと思っています。

ここで私がこれまで11年間書き続けてきたブログの話をします。ブログには主に婚活の話とリピートしたい食べ物のお店を掲載しています。食べ物は何でも載せているわけではなく私がもう一度行きたい、と思うお店だけです。これにはとても深く大切な意味があり現場で20年近く販売をしてきた私の強い想いがあります。人もお店も「選ばれること」「リピートしていただくこと」そのことがどれだけ重要なことか、理解して行動している人がとても少ないように感じています。その場しのぎで、今がよければそれでよし！それではビジネスの存続は難しいです。

これは男女の恋愛、交際、結婚においても全く同じだと感じています。「普通でいること」「ありのままでいること」が一番無難であるという考え方を決して否定はしません。しかし普通に過ごしているだけでは、大勢の人、物に埋もれてしまいます。

「ありのまま」はある意味、努力や可能性を放棄していると私は考えます。「あなたらしさ」を出すことで「必要な人」に求められ選ばれます。

例えば

おしゃれで素敵な看板に立ち止まり「このお店に入ってみよう！」そう思った経験はありませんか？　入ってみて接客、食事がイメージと違っていたという想いをしたことはないでしょうか？　婚活においても全く同様、おしゃれで素敵な看板＝婚活サイト内のプロフィール写真に該当します。外見はよいが中見が……中見がよくても外見が……　相手から選ばれるためには両方のバランスと伝え方がとても重要です。バランスを兼ね備えた上で更にリピートされなくては、常に選ばれ続けることはありません。

私が38歳の時、福岡から東京に来て5年目にラックヒルズ株式会社を立ち上げました。私の出身が福岡なのでラックヒルズ株式会社と名付けました。地元福岡の皆様や書店から、この本が出ることを心待ちにしていただき大変励みになりました。そして平成出版 代表 須田社長に「もう一度ビジネス書を出しませんか？」と商業出版のお声がけをいただき大変ありがたく感謝の想いです。ありがとうございます。

ビジネスの世界、恋愛、婚活において「選ばれる」ことはとても名誉であり、嬉しいことです。うまくいかず1人で悩み苦しみながら身体や精神状態を壊して欲しくありません。

バブル期、就職氷河期と呼ばれた世代は、これまで仕事を優先して頑張ってきた男性女性が多くいます。（私も含めて）子どもを持たなかった（持てなかった）方達も数多くいます。私が仲人となりこの11年間この世代の男女と沢山話（カウンセリング）をしました。

「もっとこのようにしておけばよかった」

「もっとはっきり伝えてほしかった」

考えることや後悔は沢山あるとは思いますが「今」が一番若いのです。

あきらめず「今」を大切に考えましょう。

「選ばれる人」になりましょう。

選ばれて何かを残して生きましょう。

あなたの「強み」「自信」を見つけましょう。

私にそのお手伝いができたらこれほど嬉しいことはありません。

最後までお読みいただきありがとうございました。

ラックヒルズ株式会社　結婚相談室ゆかり縁　代表　ユカリ

平成出版について

本書を発行した平成出版は、基本的な出版ポリシーとして、自分の主張を知ってもらいたい人々、世の中の新しい動きに注目する人々、起業家や新ジャンルに挑戦する経営者、専門家、クリエイターの皆さまの味方でありたいと願っています。

代表・須田早は、あらゆる出版に関する職務（編集、営業、広告、総務、財務、印刷管理、経営、ライター、フリー編集者、カメラマン、プロデューサーなど）を経験してきました。そして、従来の出版の殻を打ち破ることが、未来の日本の繁栄につながると信じています。

志のある人を、広く世の中に知らしめるように、商業出版として新しい出版方式を実践しつつ「読者が求める本」を提供していきます。出版について、知りたい事やわからない事がありましたら、お気軽にメールをお寄せください。

book@syuppan.jp　平成出版　編集部一同

※本書は「モテる販売員になって銀座で1億円売っていました」の改訂新版です

ISBN978-4-434-33045-2　C0036

婚活・ビジネス「選ばれる人」になる秘訣

令和５年（2023）11月10日　改訂版第１刷発行

著　者　ユカリ
発行人　須田　早
発　行　平成出版G株式会社
〒104-0061　東京都中央区銀座７丁目13番５号
ＮＲＥＧ銀座ビル１Ｆ
経営サポート部／東京都港区赤坂８丁目
TEL 03-3408-8300　FAX 03-3746-1588
平成出版ホームページ https://syuppan.jp
メール: book@syuppan.jp

発　売　株式会社 星雲社（共同出版社・流通責任出版社）
〒112-0005　東京都文京区水道1-3-30
TEL 03-3868-3275　FAX 03-3868-6588

企画協力／井口純
編集協力／安田京祐、近藤里実
本文イラスト／船津早稲
表紙デザイン・本文DTP／小山弘子
Print／DOz